Ce carnet
appartient a

🏠Nom :

🌐L'adresse du site :

👤 Nom d'utilisateur :

🔒 Mot de passe :

💬Remarques :

🏠Nom :

🌐L'adresse du site :

👤 Nom d'utilisateur :

🔒 Mot de passe :

💬Remarques :

🏠Nom :

🌐L'adresse du site :

👤 Nom d'utilisateur :

🔒 Mot de passe :

💬Remarques :

🏠Nom :

....

🌐L'adresse du site :

....

👤Nom d'utilisateur :

....

🔒Mot de passe :

....

💬Remarques :

....

....

🏠Nom :

....

🌐L'adresse du site :

....

👤Nom d'utilisateur :

....

🔒Mot de passe :

....

💬Remarques :

....

....

🏠Nom :

....

🌐L'adresse du site :

....

👤Nom d'utilisateur :

....

🔒Mot de passe :

....

💬Remarques :

....

....

🏠Nom :
....

🌐L'adresse du site :
....

👤 Nom d'utilisateur :
....

🔒 Mot de passe :
....

💬Remarques :
....

....

━━◆━━━━━━━━⟫○⟪━━━━━━━━◆━━

🏠Nom :
....

🌐L'adresse du site :
....

👤 Nom d'utilisateur :
....

🔒 Mot de passe :
....

💬Remarques :
....

....

━━◆━━━━━━━━⟫○⟪━━━━━━━━◆━━

🏠Nom :
....

🌐L'adresse du site :
....

👤 Nom d'utilisateur :
....

🔒 Mot de passe :
....

💬Remarques :
....

....

🏠Nom :

🌐L'adresse du site :

👤Nom d'utilisateur :

🔒Mot de passe :

💬Remarques :

⬥◄◄•●•————————➤➤)(◄◄————————•●•►►◄⬥

🏠Nom :

🌐L'adresse du site :

👤Nom d'utilisateur :

🔒Mot de passe :

💬Remarques :

⬥◄◄•●•————————➤➤)(◄◄————————•●•►►◄⬥

🏠Nom :

🌐L'adresse du site :

👤Nom d'utilisateur :

🔒Mot de passe :

💬Remarques :

🏠 Nom :
....

🌐 L'adresse du site :
....

👤 Nom d'utilisateur :
....

🔒 Mot de passe :
....

💬 Remarques :
....

....

━━◆━━◦━●━━━━━━⟫〇⟪━━━━━●◦◆━━

🏠 Nom :
....

🌐 L'adresse du site :
....

👤 Nom d'utilisateur :
....

🔒 Mot de passe :
....

💬 Remarques :
....

....

━━◆━━◦━●━━━━━━⟫〇⟪━━━━━●◦◆━━

🏠 Nom :
....

🌐 L'adresse du site :
....

👤 Nom d'utilisateur :
....

🔒 Mot de passe :
....

💬 Remarques :
....

....

Nom :

L'adresse du site :

Nom d'utilisateur :

Mot de passe :

Remarques :

Nom :

L'adresse du site :

Nom d'utilisateur :

Mot de passe :

Remarques :

Nom :

L'adresse du site :

Nom d'utilisateur :

Mot de passe :

Remarques :

🏠Nom :

....

🌐L'adresse du site :

....

👤 Nom d'utilisateur :

....

🔒 Mot de passe :

....

💬Remarques :

....

....

◆◀◀••━━━━━━━━━━⟫⟩✖⟨⟪━━━━━━━━━━••◀◀◆

🏠Nom :

....

🌐L'adresse du site :

....

👤 Nom d'utilisateur :

....

🔒 Mot de passe :

....

💬Remarques :

....

....

◆◀◀••━━━━━━━━━━⟫⟩✖⟨⟪━━━━━━━━━━••◀◀◆

🏠Nom :

....

🌐L'adresse du site :

....

👤 Nom d'utilisateur :

....

🔒 Mot de passe :

....

💬Remarques :

....

....

🏠Nom :
....

🌐L'adresse du site :
....

👤 Nom d'utilisateur :
....

🔒 Mot de passe :
....

💬Remarques :
....

....

◆◀◀•●•━━━━━━━━━━━━━━━━⟫⟫◯⟪⟪━━━━━━━━━━━━●•●•▶◆

🏠Nom :
....

🌐L'adresse du site :
....

👤 Nom d'utilisateur :
....

🔒 Mot de passe :
....

💬Remarques :
....

....

◆◀◀•●•━━━━━━━━━━━━━━━━⟫⟫◯⟪⟪━━━━━━━━━━━━●•●•▶◆

🏠Nom :
....

🌐L'adresse du site :
....

👤 Nom d'utilisateur :
....

🔒 Mot de passe :
....

💬Remarques :
....

....

🏠Nom :

🌐L'adresse du site :

👤 Nom d'utilisateur :

🔒 Mot de passe :

💬Remarques :

🏠Nom :

🌐L'adresse du site :

👤 Nom d'utilisateur :

🔒 Mot de passe :

💬Remarques :

🏠Nom :

🌐L'adresse du site :

👤 Nom d'utilisateur :

🔒 Mot de passe :

💬Remarques :

🏠Nom :

....

🌐L'adresse du site :

....

👤Nom d'utilisateur :

....

🔒Mot de passe :

....

💬Remarques :

....

....

━━━━━━━━━━━━━━━━━━━━◆◇◆━━━━━━━━━━━━━━━━━━━━

🏠Nom :

....

🌐L'adresse du site :

....

👤Nom d'utilisateur :

....

🔒Mot de passe :

....

💬Remarques :

....

....

━━━━━━━━━━━━━━━━━━━━◆◇◆━━━━━━━━━━━━━━━━━━━━

🏠Nom :

....

🌐L'adresse du site :

....

👤Nom d'utilisateur :

....

🔒Mot de passe :

....

💬Remarques :

....

....

🏠 Nom :

....

🌐 L'adresse du site :

....

👤 Nom d'utilisateur :

....

🔒 Mot de passe :

....

💬 Remarques :

....

....

◆◀◀•—————————→→○←←————————•◀◀◆

🏠 Nom :

....

🌐 L'adresse du site :

....

👤 Nom d'utilisateur :

....

🔒 Mot de passe :

....

💬 Remarques :

....

....

◆◀◀•—————————→→○←←————————•◀◀◆

🏠 Nom :

....

🌐 L'adresse du site :

....

👤 Nom d'utilisateur :

....

🔒 Mot de passe :

....

💬 Remarques :

....

....

🏠Nom :

....

🌐L'adresse du site :

....

👤Nom d'utilisateur :

....

🔒Mot de passe :

....

💬Remarques :

....

....

━━◆◀◀•●•━━━━━━━━━━━━━━━━➤➤◯◀◀━━━━━━━━━━━━━━•●•◆►━━

🏠Nom :

....

🌐L'adresse du site :

....

👤Nom d'utilisateur :

....

🔒Mot de passe :

....

💬Remarques :

....

....

━━◆◀◀•●•━━━━━━━━━━━━━━━━➤➤◯◀◀━━━━━━━━━━━━━━•●•◆►━━

🏠Nom :

....

🌐L'adresse du site :

....

👤Nom d'utilisateur :

....

🔒Mot de passe :

....

💬Remarques :

....

....

🏠Nom :
....

🌐L'adresse du site :
....

👤 Nom d'utilisateur :
....

🔒 Mot de passe :
....

💬Remarques :
....

....

◆—◀◀••————————————————————⟫〇⟪————————————••—▶◆

🏠Nom :
....

🌐L'adresse du site :
....

👤 Nom d'utilisateur :
....

🔒 Mot de passe :
....

💬Remarques :
....

....

◆—◀◀••————————————————————⟫〇⟪————————————••—▶◆

🏠Nom :
....

🌐L'adresse du site :
....

👤 Nom d'utilisateur :
....

🔒 Mot de passe :
....

💬Remarques :
....

....

🏠Nom :

....

🌐L'adresse du site :

....

👤 Nom d'utilisateur :

....

🔒 Mot de passe :

....

💬Remarques :

....

....

🏠Nom :

....

🌐L'adresse du site :

....

👤 Nom d'utilisateur :

....

🔒 Mot de passe :

....

💬Remarques :

....

....

🏠Nom :

....

🌐L'adresse du site :

....

👤 Nom d'utilisateur :

....

🔒 Mot de passe :

....

💬Remarques :

....

....

🏠Nom :

....

🌐L'adresse du site :

....

👤 Nom d'utilisateur :

....

🔒 Mot de passe :

....

💬Remarques :

....

....

◄━━◄◄━●━━━━━━━━━━━⟫⟨⟨━━━━━━━━━━━●━►►━►

🏠Nom :

....

🌐L'adresse du site :

....

👤 Nom d'utilisateur :

....

🔒 Mot de passe :

....

💬Remarques :

....

....

◄━━◄◄━●━━━━━━━━━━━⟫⟨⟨━━━━━━━━━━━●━►►━►

🏠Nom :

....

🌐L'adresse du site :

....

👤 Nom d'utilisateur :

....

🔒 Mot de passe :

....

💬Remarques :

....

....

🏠Nom :

....

🌐L'adresse du site :

....

👤Nom d'utilisateur :

....

🔒Mot de passe :

....

💬Remarques :

....

....

━━━◆◀◀•••━━━━━━━━━━━━━━➤➤)(◀◀━━━━━━━━━━━━•••▶▶◆━━━

🏠Nom :

....

🌐L'adresse du site :

....

👤Nom d'utilisateur :

....

🔒Mot de passe :

....

💬Remarques :

....

....

━━━◆◀◀•••━━━━━━━━━━━━━━➤➤)(◀◀━━━━━━━━━━━━•••▶▶◆━━━

🏠Nom :

....

🌐L'adresse du site :

....

👤Nom d'utilisateur :

....

🔒Mot de passe :

....

💬Remarques :

....

....

🏠Nom :

....

🌐L'adresse du site :

....

👤Nom d'utilisateur :

....

🔒Mot de passe :

....

💬Remarques :

....

....

———————————————————————

🏠Nom :

....

🌐L'adresse du site :

....

👤Nom d'utilisateur :

....

🔒Mot de passe :

....

💬Remarques :

....

....

———————————————————————

🏠Nom :

....

🌐L'adresse du site :

....

👤Nom d'utilisateur :

....

🔒Mot de passe :

....

💬Remarques :

....

....

🏠Nom :

....

🌐L'adresse du site :

....

👤 Nom d'utilisateur :

....

🔒 Mot de passe :

....

💬Remarques :

....

....

━━━◄◄•••━━━━━━━━━━━━━━━»»◯«◄━━━━━━━━━━━━━━━•••►►━━━

🏠Nom :

....

🌐L'adresse du site :

....

👤 Nom d'utilisateur :

....

🔒 Mot de passe :

....

💬Remarques :

....

....

━━━◄◄•••━━━━━━━━━━━━━━━»»◯«◄━━━━━━━━━━━━━━━•••►►━━━

🏠Nom :

....

🌐L'adresse du site :

....

👤 Nom d'utilisateur :

....

🔒 Mot de passe :

....

💬Remarques :

....

....

🏠Nom :

🌐L'adresse du site :

👤 Nom d'utilisateur :

🔒 Mot de passe :

💬Remarques :

🏠Nom :

🌐L'adresse du site :

👤 Nom d'utilisateur :

🔒 Mot de passe :

💬Remarques :

🏠Nom :

🌐L'adresse du site :

👤 Nom d'utilisateur :

🔒 Mot de passe :

💬Remarques :

🏠 Nom :

....

🌐 L'adresse du site :

....

👤 Nom d'utilisateur :

....

🔒 Mot de passe :

....

💬 Remarques :

....

....

────────────◆═══◆═══◆════─────

🏠 Nom :

....

🌐 L'adresse du site :

....

👤 Nom d'utilisateur :

....

🔒 Mot de passe :

....

💬 Remarques :

....

....

────────────◆═══◆═══◆════─────

🏠 Nom :

....

🌐 L'adresse du site :

....

👤 Nom d'utilisateur :

....

🔒 Mot de passe :

....

💬 Remarques :

....

....

🏠Nom :

🌐L'adresse du site :

👤Nom d'utilisateur :

🔒Mot de passe :

💬Remarques :

—◄——◄◄•••————————➤➤◯◄◄————————•••◄◄—►—

🏠Nom :

🌐L'adresse du site :

👤Nom d'utilisateur :

🔒Mot de passe :

💬Remarques :

—◄——◄◄•••————————➤➤◯◄◄————————•••◄◄—►—

🏠Nom :

🌐L'adresse du site :

👤Nom d'utilisateur :

🔒Mot de passe :

💬Remarques :

🏠Nom :

🌐L'adresse du site :

👤Nom d'utilisateur :

🔒Mot de passe :

💬Remarques :

🏠Nom :

🌐L'adresse du site :

👤Nom d'utilisateur :

🔒Mot de passe :

💬Remarques :

🏠Nom :

🌐L'adresse du site :

👤Nom d'utilisateur :

🔒Mot de passe :

💬Remarques :

🏠Nom :

🌐L'adresse du site :

👤 Nom d'utilisateur :

🔒 Mot de passe :

💬Remarques :

🏠Nom :

🌐L'adresse du site :

👤 Nom d'utilisateur :

🔒 Mot de passe :

💬Remarques :

🏠Nom :

🌐L'adresse du site :

👤 Nom d'utilisateur :

🔒 Mot de passe :

💬Remarques :

🏠Nom :

....

🌐L'adresse du site :

....

👤Nom d'utilisateur :

....

🔒Mot de passe :

....

💬Remarques :

....

....

⬥‹‹•◦•——————————————→→◯‹‹——————————•◦•››◆

🏠Nom :

....

🌐L'adresse du site :

....

👤Nom d'utilisateur :

....

🔒Mot de passe :

....

💬Remarques :

....

....

⬥‹‹•◦•——————————————→→◯‹‹——————————•◦•››◆

🏠Nom :

....

🌐L'adresse du site :

....

👤Nom d'utilisateur :

....

🔒Mot de passe :

....

💬Remarques :

....

....

🏠Nom :

🌐L'adresse du site :

👤 Nom d'utilisateur :

🔒 Mot de passe :

💬Remarques :

🏠Nom :

🌐L'adresse du site :

👤 Nom d'utilisateur :

🔒 Mot de passe :

💬Remarques :

🏠Nom :

🌐L'adresse du site :

👤 Nom d'utilisateur :

🔒 Mot de passe :

💬Remarques :

🏠Nom :

....

🌐L'adresse du site :

....

👤Nom d'utilisateur :

....

🔒Mot de passe :

....

💬Remarques :

....

....

🏠Nom :

....

🌐L'adresse du site :

....

👤Nom d'utilisateur :

....

🔒Mot de passe :

....

💬Remarques :

....

....

🏠Nom :

....

🌐L'adresse du site :

....

👤Nom d'utilisateur :

....

🔒Mot de passe :

....

💬Remarques :

....

....

🏠Nom :

....

🌐L'adresse du site :

....

👤 Nom d'utilisateur :

....

🔒 Mot de passe :

....

💬Remarques :

....

....

◄━━━━━━━━━━━━━━━━━━━━━━━━━━━━━━━━►

🏠Nom :

....

🌐L'adresse du site :

....

👤 Nom d'utilisateur :

....

🔒 Mot de passe :

....

💬Remarques :

....

....

◄━━━━━━━━━━━━━━━━━━━━━━━━━━━━━━━━►

🏠Nom :

....

🌐L'adresse du site :

....

👤 Nom d'utilisateur :

....

🔒 Mot de passe :

....

💬Remarques :

....

....

🏠Nom :
....

🌐L'adresse du site :
....

👤Nom d'utilisateur :
....

🔒Mot de passe :
....

💬Remarques :
....

....

━━━◆◆◀◀●●━━━━━━━━━━━━━━━━━━━➤➤◯◀◀━━━━━━━━━●●◀◀◆━━

🏠Nom :
....

🌐L'adresse du site :
....

👤Nom d'utilisateur :
....

🔒Mot de passe :
....

💬Remarques :
....

....

━━━◆◆◀◀●●━━━━━━━━━━━━━━━━━━━➤➤◯◀◀━━━━━━━━━●●◀◀◆━━

🏠Nom :
....

🌐L'adresse du site :
....

👤Nom d'utilisateur :
....

🔒Mot de passe :
....

💬Remarques :
....

....

🏠Nom :

🌐L'adresse du site :

👤 Nom d'utilisateur :

🔒 Mot de passe :

💬Remarques :

🏠Nom :

🌐L'adresse du site :

👤 Nom d'utilisateur :

🔒 Mot de passe :

💬Remarques :

🏠Nom :

🌐L'adresse du site :

👤 Nom d'utilisateur :

🔒 Mot de passe :

💬Remarques :

🏠Nom :

....

🌐L'adresse du site :

....

👤Nom d'utilisateur :

....

🔒Mot de passe :

....

💬Remarques :

....

....

🏠Nom :

....

🌐L'adresse du site :

....

👤Nom d'utilisateur :

....

🔒Mot de passe :

....

💬Remarques :

....

....

🏠Nom :

....

🌐L'adresse du site :

....

👤Nom d'utilisateur :

....

🔒Mot de passe :

....

💬Remarques :

....

....

🏠Nom :

🌐L'adresse du site :

👤Nom d'utilisateur :

🔒Mot de passe :

💬Remarques :

🏠Nom :

🌐L'adresse du site :

👤Nom d'utilisateur :

🔒Mot de passe :

💬Remarques :

🏠Nom :

🌐L'adresse du site :

👤Nom d'utilisateur :

🔒Mot de passe :

💬Remarques :

🏠 Nom :

··

🌐 L'adresse du site :

··

👤 Nom d'utilisateur :

··

🔒 Mot de passe :

··

💬 Remarques :

··

··

◆◀◀•●•————————————»〉〈«————————————•●•◀▶◆

🏠 Nom :

··

🌐 L'adresse du site :

··

👤 Nom d'utilisateur :

··

🔒 Mot de passe :

··

💬 Remarques :

··

··

◆◀◀•●•————————————»〉〈«————————————•●•◀▶◆

🏠 Nom :

··

🌐 L'adresse du site :

··

👤 Nom d'utilisateur :

··

🔒 Mot de passe :

··

💬 Remarques :

··

··

🏠Nom :

....

🌐L'adresse du site :

....

👤 Nom d'utilisateur :

....

🔒 Mot de passe :

....

💬Remarques :

....

....

━━◄◄●●━━━━━━━━━━━━━━━━⟫⟨⟨━━━━━━━━━●●◄◄►

🏠Nom :

....

🌐L'adresse du site :

....

👤 Nom d'utilisateur :

....

🔒 Mot de passe :

....

💬Remarques :

....

....

━━◄◄●●━━━━━━━━━━━━━━━━⟫⟨⟨━━━━━━━━━●●◄◄►

🏠Nom :

....

🌐L'adresse du site :

....

👤 Nom d'utilisateur :

....

🔒 Mot de passe :

....

💬Remarques :

....

....

🏠 Nom :

....

🌐 L'adresse du site :

....

👤 Nom d'utilisateur :

....

🔒 Mot de passe :

....

💬 Remarques :

....

....

◆◆◆••——————————————➤➤〇≪—————————————••◆◆◆

🏠 Nom :

....

🌐 L'adresse du site :

....

👤 Nom d'utilisateur :

....

🔒 Mot de passe :

....

💬 Remarques :

....

....

◆◆◆••——————————————➤➤〇≪—————————————••◆◆◆

🏠 Nom :

....

🌐 L'adresse du site :

....

👤 Nom d'utilisateur :

....

🔒 Mot de passe :

....

💬 Remarques :

....

....

🏠Nom :

....

🌐L'adresse du site :

....

👤 Nom d'utilisateur :

....

🔒 Mot de passe :

....

💬Remarques :

....

....

━━◄‹‹•●•──────────────❯❯✕❮❮──────────────•●•‹›►━━

🏠Nom :

....

🌐L'adresse du site :

....

👤 Nom d'utilisateur :

....

🔒 Mot de passe :

....

💬Remarques :

....

....

━━◄‹‹•●•──────────────❯❯✕❮❮──────────────•●•‹›►━━

🏠Nom :

....

🌐L'adresse du site :

....

👤 Nom d'utilisateur :

....

🔒 Mot de passe :

....

💬Remarques :

....

....

Nom :
....

L'adresse du site :
....

Nom d'utilisateur :
....

Mot de passe :
....

Remarques :
....

....

Nom :
....

L'adresse du site :
....

Nom d'utilisateur :
....

Mot de passe :
....

Remarques :
....

....

Nom :
....

L'adresse du site :
....

Nom d'utilisateur :
....

Mot de passe :
....

Remarques :
....

....

🏠Nom :

🌐L'adresse du site :

👤 Nom d'utilisateur :

🔒 Mot de passe :

💬Remarques :

🏠Nom :

🌐L'adresse du site :

👤 Nom d'utilisateur :

🔒 Mot de passe :

💬Remarques :

🏠Nom :

🌐L'adresse du site :

👤 Nom d'utilisateur :

🔒 Mot de passe :

💬Remarques :

🏠Nom :

....

🌐L'adresse du site :

....

👤 Nom d'utilisateur :

....

🔒 Mot de passe :

....

💬Remarques :

....

....

◆◀◀•●•————————————⟩⟩◯⟨⟨————————————•●•◆

🏠Nom :

....

🌐L'adresse du site :

....

👤 Nom d'utilisateur :

....

🔒 Mot de passe :

....

💬Remarques :

....

....

◆◀◀•●•————————————⟩⟩◯⟨⟨————————————•●•◆

🏠Nom :

....

🌐L'adresse du site :

....

👤 Nom d'utilisateur :

....

🔒 Mot de passe :

....

💬Remarques :

....

....

🏠Nom :

....

🌐L'adresse du site :

....

👤Nom d'utilisateur :

....

🔒Mot de passe :

....

💬Remarques :

....

....

———◆‹‹•••————————»»✕‹‹————————•••»»◆———

🏠Nom :

....

🌐L'adresse du site :

....

👤Nom d'utilisateur :

....

🔒Mot de passe :

....

💬Remarques :

....

....

———◆‹‹•••————————»»✕‹‹————————•••»»◆———

🏠Nom :

....

🌐L'adresse du site :

....

👤Nom d'utilisateur :

....

🔒Mot de passe :

....

💬Remarques :

....

....

🏠 Nom :

....

🌐 L'adresse du site :

....

👤 Nom d'utilisateur :

....

🔒 Mot de passe :

....

💬 Remarques :

....

....

———————————————❖❖◄◄●●———————————————➤➤❍◄◄———————————————●●◄◄❖———————————————

🏠 Nom :

....

🌐 L'adresse du site :

....

👤 Nom d'utilisateur :

....

🔒 Mot de passe :

....

💬 Remarques :

....

....

———————————————❖❖◄◄●●———————————————➤➤❍◄◄———————————————●●◄◄❖———————————————

🏠 Nom :

....

🌐 L'adresse du site :

....

👤 Nom d'utilisateur :

....

🔒 Mot de passe :

....

💬 Remarques :

....

....

🏠Nom :

🌐L'adresse du site :

👤 Nom d'utilisateur :

🔒 Mot de passe :

💬Remarques :

🏠Nom :

🌐L'adresse du site :

👤 Nom d'utilisateur :

🔒 Mot de passe :

💬Remarques :

🏠Nom :

🌐L'adresse du site :

👤 Nom d'utilisateur :

🔒 Mot de passe :

💬Remarques :

🏠Nom :

....

🌐L'adresse du site :

....

👤Nom d'utilisateur :

....

🔒Mot de passe :

....

💬Remarques :

....

....

━━━━◆━━━━━━━━━━━━━━━⟡━━━━━━━━━━━━━━━◆━━━━

🏠Nom :

....

🌐L'adresse du site :

....

👤Nom d'utilisateur :

....

🔒Mot de passe :

....

💬Remarques :

....

....

━━━━◆━━━━━━━━━━━━━━━⟡━━━━━━━━━━━━━━━◆━━━━

🏠Nom :

....

🌐L'adresse du site :

....

👤Nom d'utilisateur :

....

🔒Mot de passe :

....

💬Remarques :

....

....

🏠Nom :

🌐L'adresse du site :

👤 Nom d'utilisateur :

🔒 Mot de passe :

💬Remarques :

🏠Nom :

🌐L'adresse du site :

👤 Nom d'utilisateur :

🔒 Mot de passe :

💬Remarques :

🏠Nom :

🌐L'adresse du site :

👤 Nom d'utilisateur :

🔒 Mot de passe :

💬Remarques :

🏠Nom :

....

🌐L'adresse du site :

....

👤Nom d'utilisateur :

....

🔒Mot de passe :

....

💬Remarques :

....

....

◆◀◀•••———————————————→→◯←←————————————•••◀◀◆

🏠Nom :

....

🌐L'adresse du site :

....

👤Nom d'utilisateur :

....

🔒Mot de passe :

....

💬Remarques :

....

....

◆◀◀•••———————————————→→◯←←————————————•••◀◀◆

🏠Nom :

....

🌐L'adresse du site :

....

👤Nom d'utilisateur :

....

🔒Mot de passe :

....

💬Remarques :

....

....

🏠Nom :
....

🌐L'adresse du site :
....

👤Nom d'utilisateur :
....

🔒Mot de passe :
....

💬Remarques :
....

....

◆◀◀•••————————————»»〇《《————————————•••▶▶◆

🏠Nom :
....

🌐L'adresse du site :
....

👤Nom d'utilisateur :
....

🔒Mot de passe :
....

💬Remarques :
....

....

◆◀◀•••————————————»»〇《《————————————•••▶▶◆

🏠Nom :
....

🌐L'adresse du site :
....

👤Nom d'utilisateur :
....

🔒Mot de passe :
....

💬Remarques :
....

....

🏠Nom :

....

🌐L'adresse du site :

....

👤Nom d'utilisateur :

....

🔒Mot de passe :

....

💬Remarques :

....

....

◆◀◀•••——————————➤➤〇◄◄————————••◀◀◆

🏠Nom :

....

🌐L'adresse du site :

....

👤Nom d'utilisateur :

....

🔒Mot de passe :

....

💬Remarques :

....

....

◆◀◀•••——————————➤➤〇◄◄————————••◀◀◆

🏠Nom :

....

🌐L'adresse du site :

....

👤Nom d'utilisateur :

....

🔒Mot de passe :

....

💬Remarques :

....

....

🏠Nom :
....
🌐L'adresse du site :
....
👤 Nom d'utilisateur :
....
🔒 Mot de passe :
....
💬Remarques :
....

....

◄◄◄•••————————————➤➤✕←←————————————•••►►►

🏠Nom :
....
🌐L'adresse du site :
....
👤 Nom d'utilisateur :
....
🔒 Mot de passe :
....
💬Remarques :
....

....

◄◄◄•••————————————➤➤✕←←————————————•••►►►

🏠Nom :
....
🌐L'adresse du site :
....
👤 Nom d'utilisateur :
....
🔒 Mot de passe :
....
💬Remarques :
....

....

🏠Nom :

🌐L'adresse du site :

👤Nom d'utilisateur :

🔒Mot de passe :

💬Remarques :

🏠Nom :

🌐L'adresse du site :

👤Nom d'utilisateur :

🔒Mot de passe :

💬Remarques :

🏠Nom :

🌐L'adresse du site :

👤Nom d'utilisateur :

🔒Mot de passe :

💬Remarques :

🏠Nom :

🌐L'adresse du site :

👤Nom d'utilisateur :

🔒Mot de passe :

💬Remarques :

🏠Nom :

🌐L'adresse du site :

👤Nom d'utilisateur :

🔒Mot de passe :

💬Remarques :

🏠Nom :

🌐L'adresse du site :

👤Nom d'utilisateur :

🔒Mot de passe :

💬Remarques :

🏠Nom :

....

🌐L'adresse du site :

....

👤Nom d'utilisateur :

....

🔒Mot de passe :

....

💬Remarques :

....

....

◆◀◀••●━━━━━━━━━━━━━━━━➤➤◯◀◀━━━━━━━━━━━━●•●•▶▶◆

🏠Nom :

....

🌐L'adresse du site :

....

👤Nom d'utilisateur :

....

🔒Mot de passe :

....

💬Remarques :

....

....

◆◀◀••●━━━━━━━━━━━━━━━━➤➤◯◀◀━━━━━━━━━━━━●•●•▶▶◆

🏠Nom :

....

🌐L'adresse du site :

....

👤Nom d'utilisateur :

....

🔒Mot de passe :

....

💬Remarques :

....

....

Nom :

L'adresse du site :

Nom d'utilisateur :

Mot de passe :

Remarques :

Nom :

L'adresse du site :

Nom d'utilisateur :

Mot de passe :

Remarques :

Nom :

L'adresse du site :

Nom d'utilisateur :

Mot de passe :

Remarques :

🏠 Nom :

....

🌐 L'adresse du site :

....

👤 Nom d'utilisateur :

....

🔒 Mot de passe :

....

💬 Remarques :

....

....

◆⟨⟨•••━━━━━━━━━━━⟩⟩✕⟨⟨━━━━━━━━━━━•••⟩⟩◆

🏠 Nom :

....

🌐 L'adresse du site :

....

👤 Nom d'utilisateur :

....

🔒 Mot de passe :

....

💬 Remarques :

....

....

◆⟨⟨•••━━━━━━━━━━━⟩⟩✕⟨⟨━━━━━━━━━━━•••⟩⟩◆

🏠 Nom :

....

🌐 L'adresse du site :

....

👤 Nom d'utilisateur :

....

🔒 Mot de passe :

....

💬 Remarques :

....

....

🏠Nom :

....

🌐L'adresse du site :

....

👤 Nom d'utilisateur :

....

🔒 Mot de passe :

....

💬Remarques :

....

....

◆◆◀◀•••————————————⋙⟨⟩⋘————————————•••▶▶◆◆

🏠Nom :

....

🌐L'adresse du site :

....

👤 Nom d'utilisateur :

....

🔒 Mot de passe :

....

💬Remarques :

....

....

◆◆◀◀•••————————————⋙⟨⟩⋘————————————•••▶▶◆◆

🏠Nom :

....

🌐L'adresse du site :

....

👤 Nom d'utilisateur :

....

🔒 Mot de passe :

....

💬Remarques :

....

....

Nom :

L'adresse du site :

Nom d'utilisateur :

Mot de passe :

Remarques :

Nom :

L'adresse du site :

Nom d'utilisateur :

Mot de passe :

Remarques :

Nom :

L'adresse du site :

Nom d'utilisateur :

Mot de passe :

Remarques :

🏠Nom :

🌐L'adresse du site :

👤Nom d'utilisateur :

🔒Mot de passe :

💬Remarques :

━━━━━━━━━━━━━━━━━━━━━━━━━━━━

🏠Nom :

🌐L'adresse du site :

👤Nom d'utilisateur :

🔒Mot de passe :

💬Remarques :

━━━━━━━━━━━━━━━━━━━━━━━━━━━━

🏠Nom :

🌐L'adresse du site :

👤Nom d'utilisateur :

🔒Mot de passe :

💬Remarques :

⌂ Nom :

....

🌐 L'adresse du site :

....

👤 Nom d'utilisateur :

....

🔒 Mot de passe :

....

💬 Remarques :

....

....

⌂ Nom :

....

🌐 L'adresse du site :

....

👤 Nom d'utilisateur :

....

🔒 Mot de passe :

....

💬 Remarques :

....

....

⌂ Nom :

....

🌐 L'adresse du site :

....

👤 Nom d'utilisateur :

....

🔒 Mot de passe :

....

💬 Remarques :

....

....

🏠Nom :

....

🌐L'adresse du site :

....

👤 Nom d'utilisateur :

....

🔒 Mot de passe :

....

💬Remarques :

....

....

◆◀◀•••————————————»»◯◀◀————————————•••◀◀◆

🏠Nom :

....

🌐L'adresse du site :

....

👤 Nom d'utilisateur :

....

🔒 Mot de passe :

....

💬Remarques :

....

....

◆◀◀•••————————————»»◯◀◀————————————•••◀◀◆

🏠Nom :

....

🌐L'adresse du site :

....

👤 Nom d'utilisateur :

....

🔒 Mot de passe :

....

💬Remarques :

....

....

🏠Nom :

....

🌐L'adresse du site :

....

👤 Nom d'utilisateur :

....

🔒 Mot de passe :

....

💬Remarques :

....

....

◆≺≺•●•━━━━━━━━━━━⇥⇥)(⇤⇤━━━━━━━━━━━•●•≻≻◆

🏠Nom :

....

🌐L'adresse du site :

....

👤 Nom d'utilisateur :

....

🔒 Mot de passe :

....

💬Remarques :

....

....

◆≺≺•●•━━━━━━━━━━━⇥⇥)(⇤⇤━━━━━━━━━━━•●•≻≻◆

🏠Nom :

....

🌐L'adresse du site :

....

👤 Nom d'utilisateur :

....

🔒 Mot de passe :

....

💬Remarques :

....

....

🏠Nom :

....

🌐L'adresse du site :

....

👤 Nom d'utilisateur :

....

🔒 Mot de passe :

....

💬Remarques :

....

....

◄────────────────────►◄─────────────

🏠Nom :

....

🌐L'adresse du site :

....

👤 Nom d'utilisateur :

....

🔒 Mot de passe :

....

💬Remarques :

....

....

◄────────────────────►◄─────────────

🏠Nom :

....

🌐L'adresse du site :

....

👤 Nom d'utilisateur :

....

🔒 Mot de passe :

....

💬Remarques :

....

....

🏠Nom :

....

🌐L'adresse du site :

....

👤 Nom d'utilisateur :

....

🔒 Mot de passe :

....

💬Remarques :

....

....

━━━◆◄◄•●●━━━━━━━━━━━➤➤)(◄◄━━━━━━━━━━●•◆━━━

🏠Nom :

....

🌐L'adresse du site :

....

👤 Nom d'utilisateur :

....

🔒 Mot de passe :

....

💬Remarques :

....

....

━━━◆◄◄•●●━━━━━━━━━━━➤➤)(◄◄━━━━━━━━━━●•◆━━━

🏠Nom :

....

🌐L'adresse du site :

....

👤 Nom d'utilisateur :

....

🔒 Mot de passe :

....

💬Remarques :

....

....

🏠Nom :
....

🌐L'adresse du site :
....

👤Nom d'utilisateur :
....

🔒Mot de passe :
....

💬Remarques :
....

....

━━◄◄•••━━━━━━━━━━━━━►►○◄◄━━━━━━━━•••◄◄►━━

🏠Nom :
....

🌐L'adresse du site :
....

👤Nom d'utilisateur :
....

🔒Mot de passe :
....

💬Remarques :
....

....

━━◄◄•••━━━━━━━━━━━━━►►○◄◄━━━━━━━━•••◄◄►━━

🏠Nom :
....

🌐L'adresse du site :
....

👤Nom d'utilisateur :
....

🔒Mot de passe :
....

💬Remarques :
....

....

🏠Nom :
....

🌐L'adresse du site :
....

👤Nom d'utilisateur :
....

🔒Mot de passe :
....

💬Remarques :
....

....

━━━◆◄◄•••━━━━━━━━━━━━━━━━━►►)(◄◄━━━━━━━━━━•••►►◆━━━

🏠Nom :
....

🌐L'adresse du site :
....

👤Nom d'utilisateur :
....

🔒Mot de passe :
....

💬Remarques :
....

....

━━━◆◄◄•••━━━━━━━━━━━━━━━━━►►)(◄◄━━━━━━━━━━•••►►◆━━━

🏠Nom :
....

🌐L'adresse du site :
....

👤Nom d'utilisateur :
....

🔒Mot de passe :
....

💬Remarques :
....

....

🏠Nom :

🌐L'adresse du site :

👤 Nom d'utilisateur :

🔒 Mot de passe :

💬Remarques :

🏠Nom :

🌐L'adresse du site :

👤 Nom d'utilisateur :

🔒 Mot de passe :

💬Remarques :

🏠Nom :

🌐L'adresse du site :

👤 Nom d'utilisateur :

🔒 Mot de passe :

💬Remarques :

🏠Nom :

....

🌐L'adresse du site :

....

👤Nom d'utilisateur :

....

🔒Mot de passe :

....

💬Remarques :

....

....

———◆‹‹••————————————⟫〇‹‹————————————•••‹‹◆———

🏠Nom :

....

🌐L'adresse du site :

....

👤Nom d'utilisateur :

....

🔒Mot de passe :

....

💬Remarques :

....

....

———◆‹‹••————————————⟫〇‹‹————————————•••‹‹◆———

🏠Nom :

....

🌐L'adresse du site :

....

👤Nom d'utilisateur :

....

🔒Mot de passe :

....

💬Remarques :

....

....

🏠Nom :

🌐L'adresse du site :

👤 Nom d'utilisateur :

🔒 Mot de passe :

💬Remarques :

───────────────⟫◯⟪───────────────

🏠Nom :

🌐L'adresse du site :

👤 Nom d'utilisateur :

🔒 Mot de passe :

💬Remarques :

───────────────⟫◯⟪───────────────

🏠Nom :

🌐L'adresse du site :

👤 Nom d'utilisateur :

🔒 Mot de passe :

💬Remarques :

🏠Nom :

🌐L'adresse du site :

👤Nom d'utilisateur :

🔒Mot de passe :

💬Remarques :

🏠Nom :

🌐L'adresse du site :

👤Nom d'utilisateur :

🔒Mot de passe :

💬Remarques :

🏠Nom :

🌐L'adresse du site :

👤Nom d'utilisateur :

🔒Mot de passe :

💬Remarques :

🏠Nom :

🌐L'adresse du site :

👤Nom d'utilisateur :

🔒Mot de passe :

💬Remarques :

━━━━━━━━━━━━━━━━━━━━━━━━

🏠Nom :

🌐L'adresse du site :

👤Nom d'utilisateur :

🔒Mot de passe :

💬Remarques :

━━━━━━━━━━━━━━━━━━━━━━━━

🏠Nom :

🌐L'adresse du site :

👤Nom d'utilisateur :

🔒Mot de passe :

💬Remarques :

🏠Nom :

....

🌐L'adresse du site :

....

👤 Nom d'utilisateur :

....

🔒 Mot de passe :

....

💬Remarques :

....

....

◆◀◀•••━━━━━━━━━━━⟫⟪◁◁━━━━━━━━━•••◀◆

🏠Nom :

....

🌐L'adresse du site :

....

👤 Nom d'utilisateur :

....

🔒 Mot de passe :

....

💬Remarques :

....

....

◆◀◀•••━━━━━━━━━━━⟫⟪◁◁━━━━━━━━━•••◀◆

🏠Nom :

....

🌐L'adresse du site :

....

👤 Nom d'utilisateur :

....

🔒 Mot de passe :

....

💬Remarques :

....

....

🏠Nom :

....

🌐L'adresse du site :

....

👤 Nom d'utilisateur :

....

🔒 Mot de passe :

....

💬Remarques :

....

....

◆◀◀•••━━•••▶▶◆

🏠Nom :

....

🌐L'adresse du site :

....

👤 Nom d'utilisateur :

....

🔒 Mot de passe :

....

💬Remarques :

....

....

◆◀◀•••━━•••▶▶◆

🏠Nom :

....

🌐L'adresse du site :

....

👤 Nom d'utilisateur :

....

🔒 Mot de passe :

....

💬Remarques :

....

....

🏠Nom :

....

🌐L'adresse du site :

....

👤 Nom d'utilisateur :

....

🔒 Mot de passe :

....

💬Remarques :

....

....

◆◀◀•••————————————⇒⇒〇〰————————•••◀◀•◆

🏠Nom :

....

🌐L'adresse du site :

....

👤 Nom d'utilisateur :

....

🔒 Mot de passe :

....

💬Remarques :

....

....

◆◀◀•••————————————⇒⇒〇〰————————•••◀◀•◆

🏠Nom :

....

🌐L'adresse du site :

....

👤 Nom d'utilisateur :

....

🔒 Mot de passe :

....

💬Remarques :

....

....

🏠Nom :

....

🌐L'adresse du site :

....

👤 Nom d'utilisateur :

....

🔒 Mot de passe :

....

💬Remarques :

....

....

◆◄◄•••━━━━━━━━━━━━━━━━━━━━━━━━━━ ⇾⭙⇽ ━━━━━━━━━━━━━━━•••►►◆

🏠Nom :

....

🌐L'adresse du site :

....

👤 Nom d'utilisateur :

....

🔒 Mot de passe :

....

💬Remarques :

....

....

◆◄◄•••━━━━━━━━━━━━━━━━━━━━━━━━━━ ⇾⭙⇽ ━━━━━━━━━━━━━━━•••►►◆

🏠Nom :

....

🌐L'adresse du site :

....

👤 Nom d'utilisateur :

....

🔒 Mot de passe :

....

💬Remarques :

....

....

🏠Nom :

....

🌐L'adresse du site :

....

👤Nom d'utilisateur :

....

🔒Mot de passe :

....

💬Remarques :

....

....

🏠Nom :

....

🌐L'adresse du site :

....

👤Nom d'utilisateur :

....

🔒Mot de passe :

....

💬Remarques :

....

....

🏠Nom :

....

🌐L'adresse du site :

....

👤Nom d'utilisateur :

....

🔒Mot de passe :

....

💬Remarques :

....

....

🏠Nom :

🌐L'adresse du site :

👤Nom d'utilisateur :

🔒Mot de passe :

💬Remarques :

━━━━━━━━◆◀◀•••━━━━━━━━━━━━▸▸◯◀◀━━━━━━━━━━━━•••◀◀◆━━━━━━

🏠Nom :

🌐L'adresse du site :

👤Nom d'utilisateur :

🔒Mot de passe :

💬Remarques :

━━━━━━━━◆◀◀•••━━━━━━━━━━━━▸▸◯◀◀━━━━━━━━━━━━•••◀◀◆━━━━━━

🏠Nom :

🌐L'adresse du site :

👤Nom d'utilisateur :

🔒Mot de passe :

💬Remarques :

🏠Nom :

....

🌐L'adresse du site :

....

👤 Nom d'utilisateur :

....

🔒 Mot de passe :

....

💬Remarques :

....

....

◆◀◀•••━━━━━━━━━━⇥⭕⇤━━━━━━━•••▶▶◆

🏠Nom :

....

🌐L'adresse du site :

....

👤 Nom d'utilisateur :

....

🔒 Mot de passe :

....

💬Remarques :

....

....

◆◀◀•••━━━━━━━━━━⇥⭕⇤━━━━━━━•••▶▶◆

🏠Nom :

....

🌐L'adresse du site :

....

👤 Nom d'utilisateur :

....

🔒 Mot de passe :

....

💬Remarques :

....

....

🏠Nom :

....

🌐L'adresse du site :

....

👤 Nom d'utilisateur :

....

🔒 Mot de passe :

....

💬Remarques :

....

....

◆◄◄•••─────────────→→◯←←─────────────•••►►◆

🏠Nom :

....

🌐L'adresse du site :

....

👤 Nom d'utilisateur :

....

🔒 Mot de passe :

....

💬Remarques :

....

....

◆◄◄•••─────────────→→◯←←─────────────•••►►◆

🏠Nom :

....

🌐L'adresse du site :

....

👤 Nom d'utilisateur :

....

🔒 Mot de passe :

....

💬Remarques :

....

....

🏠Nom :

....

🌐L'adresse du site :

....

👤Nom d'utilisateur :

....

🔒Mot de passe :

....

💬Remarques :

....

....

◆◀◀●● ➤➤◯◀◀ ●●◀▶

🏠Nom :

....

🌐L'adresse du site :

....

👤Nom d'utilisateur :

....

🔒Mot de passe :

....

💬Remarques :

....

....

◆◀◀●● ➤➤◯◀◀ ●●◀▶

🏠Nom :

....

🌐L'adresse du site :

....

👤Nom d'utilisateur :

....

🔒Mot de passe :

....

💬Remarques :

....

....

🏠Nom :

🌐L'adresse du site :

👤 Nom d'utilisateur :

🔒 Mot de passe :

💬Remarques :

⬥━━━━━━━━━━━━━━━━━━━━━━━━⬥

🏠Nom :

🌐L'adresse du site :

👤 Nom d'utilisateur :

🔒 Mot de passe :

💬Remarques :

⬥━━━━━━━━━━━━━━━━━━━━━━━━⬥

🏠Nom :

🌐L'adresse du site :

👤 Nom d'utilisateur :

🔒 Mot de passe :

💬Remarques :

🏠Nom :

....

🌐L'adresse du site :

....

👤Nom d'utilisateur :

....

🔒Mot de passe :

....

💬Remarques :

....

....

🏠Nom :

....

🌐L'adresse du site :

....

👤Nom d'utilisateur :

....

🔒Mot de passe :

....

💬Remarques :

....

....

🏠Nom :

....

🌐L'adresse du site :

....

👤Nom d'utilisateur :

....

🔒Mot de passe :

....

💬Remarques :

....

....

🏠Nom :

🌐L'adresse du site :

👤Nom d'utilisateur :

🔒Mot de passe :

💬Remarques :

🏠Nom :

🌐L'adresse du site :

👤Nom d'utilisateur :

🔒Mot de passe :

💬Remarques :

🏠Nom :

🌐L'adresse du site :

👤Nom d'utilisateur :

🔒Mot de passe :

💬Remarques :

🏠Nom :

....

🌐L'adresse du site :

....

👤Nom d'utilisateur :

....

🔒Mot de passe :

....

💬Remarques :

....

....

◆━━━━━━━━━━━━━━━━━━━━━━━━━━━━━━━━◆

🏠Nom :

....

🌐L'adresse du site :

....

👤Nom d'utilisateur :

....

🔒Mot de passe :

....

💬Remarques :

....

....

◆━━━━━━━━━━━━━━━━━━━━━━━━━━━━━━━━◆

🏠Nom :

....

🌐L'adresse du site :

....

👤Nom d'utilisateur :

....

🔒Mot de passe :

....

💬Remarques :

....

....

🏠Nom :
....

🌐L'adresse du site :
....

👤 Nom d'utilisateur :
....

🔒 Mot de passe :
....

💬Remarques :
....

....

◄━━◄◄•●•━━━━━━━━━━━━━━━━━━➤➤〇◄◄━━━━━━━━━━━━━•●•◄◄►━━►

🏠Nom :
....

🌐L'adresse du site :
....

👤 Nom d'utilisateur :
....

🔒 Mot de passe :
....

💬Remarques :
....

....

◄━━◄◄•●•━━━━━━━━━━━━━━━━━━➤➤〇◄◄━━━━━━━━━━━━━•●•◄◄►━━►

🏠Nom :
....

🌐L'adresse du site :
....

👤 Nom d'utilisateur :
....

🔒 Mot de passe :
....

💬Remarques :
....

....

🏠Nom :

....

🌐L'adresse du site :

....

👤Nom d'utilisateur :

....

🔒Mot de passe :

....

💬Remarques :

....

....

◆◀◀•●●————————⇥◯⇤————————●•◀◀◆

🏠Nom :

....

🌐L'adresse du site :

....

👤Nom d'utilisateur :

....

🔒Mot de passe :

....

💬Remarques :

....

....

◆◀◀•●●————————⇥◯⇤————————●•◀◀◆

🏠Nom :

....

🌐L'adresse du site :

....

👤Nom d'utilisateur :

....

🔒Mot de passe :

....

💬Remarques :

....

....

🏠Nom :

🌐L'adresse du site :

👤 Nom d'utilisateur :

🔒 Mot de passe :

💬Remarques :

🏠Nom :

🌐L'adresse du site :

👤 Nom d'utilisateur :

🔒 Mot de passe :

💬Remarques :

🏠Nom :

🌐L'adresse du site :

👤 Nom d'utilisateur :

🔒 Mot de passe :

💬Remarques :

ꀨNom :

🌐L'adresse du site :

👤Nom d'utilisateur :

🔒Mot de passe :

💬Remarques :

ꀨNom :

🌐L'adresse du site :

👤Nom d'utilisateur :

🔒Mot de passe :

💬Remarques :

ꀨNom :

🌐L'adresse du site :

👤Nom d'utilisateur :

🔒Mot de passe :

💬Remarques :

🏠Nom :

....

🌐L'adresse du site :

....

👤Nom d'utilisateur :

....

🔒Mot de passe :

....

💬Remarques :

....

....

⬥◀⥌•••━━━━━━━⤜⤛◯⤚⤝━━━━━━•••⥍▶⬥

🏠Nom :

....

🌐L'adresse du site :

....

👤Nom d'utilisateur :

....

🔒Mot de passe :

....

💬Remarques :

....

....

⬥◀⥌•••━━━━━━━⤜⤛◯⤚⤝━━━━━━•••⥍▶⬥

🏠Nom :

....

🌐L'adresse du site :

....

👤Nom d'utilisateur :

....

🔒Mot de passe :

....

💬Remarques :

....

....

🏠Nom :

....

🌐L'adresse du site :

....

👤Nom d'utilisateur :

....

🔒Mot de passe :

....

💬Remarques :

....

....

◆◀◀••● ➤➤〇《《 ●•●➤➤◀◆

🏠Nom :

....

🌐L'adresse du site :

....

👤Nom d'utilisateur :

....

🔒Mot de passe :

....

💬Remarques :

....

....

◆◀◀••● ➤➤〇《《 ●•●➤➤◀◆

🏠Nom :

....

🌐L'adresse du site :

....

👤Nom d'utilisateur :

....

🔒Mot de passe :

....

💬Remarques :

....

....

🏠Nom :

🌐L'adresse du site :

👤Nom d'utilisateur :

🔒Mot de passe :

💬Remarques :

🏠Nom :

🌐L'adresse du site :

👤Nom d'utilisateur :

🔒Mot de passe :

💬Remarques :

🏠Nom :

🌐L'adresse du site :

👤Nom d'utilisateur :

🔒Mot de passe :

💬Remarques :

🏠Nom :

🌐L'adresse du site :

👤Nom d'utilisateur :

🔒Mot de passe :

💬Remarques :

🏠Nom :

🌐L'adresse du site :

👤Nom d'utilisateur :

🔒Mot de passe :

💬Remarques :

🏠Nom :

🌐L'adresse du site :

👤Nom d'utilisateur :

🔒Mot de passe :

💬Remarques :

🏠Nom :

....

🌐L'adresse du site :

....

👤 Nom d'utilisateur :

....

🔒 Mot de passe :

....

💬Remarques :

....

....

━━━━━━━━━━━━━━━━━━━━━━━━━━━━━━━━

🏠Nom :

....

🌐L'adresse du site :

....

👤 Nom d'utilisateur :

....

🔒 Mot de passe :

....

💬Remarques :

....

....

━━━━━━━━━━━━━━━━━━━━━━━━━━━━━━━━

🏠Nom :

....

🌐L'adresse du site :

....

👤 Nom d'utilisateur :

....

🔒 Mot de passe :

....

💬Remarques :

....

....

🏠Nom :

....

🌐L'adresse du site :

....

👤Nom d'utilisateur :

....

🔒Mot de passe :

....

💬Remarques :

....

....

🏠Nom :

....

🌐L'adresse du site :

....

👤Nom d'utilisateur :

....

🔒Mot de passe :

....

💬Remarques :

....

....

🏠Nom :

....

🌐L'adresse du site :

....

👤Nom d'utilisateur :

....

🔒Mot de passe :

....

💬Remarques :

....

....

🏠Nom :

....

🌐L'adresse du site :

....

👤Nom d'utilisateur :

....

🔒Mot de passe :

....

💬Remarques :

....

....

◄◄•●•————————————»〇«————————————•●•►►

🏠Nom :

....

🌐L'adresse du site :

....

👤Nom d'utilisateur :

....

🔒Mot de passe :

....

💬Remarques :

....

....

◄◄•●•————————————»〇«————————————•●•►►

🏠Nom :

....

🌐L'adresse du site :

....

👤Nom d'utilisateur :

....

🔒Mot de passe :

....

💬Remarques :

....

....

🏠Nom :
....

🌐L'adresse du site :
....

👤Nom d'utilisateur :
....

🔒Mot de passe :
....

💬Remarques :
....

....

———◄◄••●——————⇒⟩〇⟨⇐——————●•••►►———

🏠Nom :
....

🌐L'adresse du site :
....

👤Nom d'utilisateur :
....

🔒Mot de passe :
....

💬Remarques :
....

....

———◄◄••●——————⇒⟩〇⟨⇐——————●•••►►———

🏠Nom :
....

🌐L'adresse du site :
....

👤Nom d'utilisateur :
....

🔒Mot de passe :
....

💬Remarques :
....

....

🏠 Nom :
....

🌐 L'adresse du site :
....

👤 Nom d'utilisateur :
....

🔒 Mot de passe :
....

💬 Remarques :
....

....

◄━━━━━━━━━━━━━━━━━━━━━━━━━━━━━━━➤〇◄━━━━━━━━━━━━━━━━━━━━━━━━━━━━━━━►

🏠 Nom :
....

🌐 L'adresse du site :
....

👤 Nom d'utilisateur :
....

🔒 Mot de passe :
....

💬 Remarques :
....

....

◄━━━━━━━━━━━━━━━━━━━━━━━━━━━━━━━➤〇◄━━━━━━━━━━━━━━━━━━━━━━━━━━━━━━━►

🏠 Nom :
....

🌐 L'adresse du site :
....

👤 Nom d'utilisateur :
....

🔒 Mot de passe :
....

💬 Remarques :
....

....

🏠Nom :

....

🌐L'adresse du site :

....

👤 Nom d'utilisateur :

....

🔒 Mot de passe :

....

💬Remarques :

....

....

◆◄◄•••————————➤◗◖◄————————•••►◆

🏠Nom :

....

🌐L'adresse du site :

....

👤 Nom d'utilisateur :

....

🔒 Mot de passe :

....

💬Remarques :

....

....

◆◄◄•••————————➤◗◖◄————————•••►◆

🏠Nom :

....

🌐L'adresse du site :

....

👤 Nom d'utilisateur :

....

🔒 Mot de passe :

....

💬Remarques :

....

....

🏠Nom :

....

🌐L'adresse du site :

....

👤 Nom d'utilisateur :

....

🔒 Mot de passe :

....

💬Remarques :

....

....

◆━━━━━━━━━━━━━━━━━━━━━━━━━━━━━━━◆

🏠Nom :

....

🌐L'adresse du site :

....

👤 Nom d'utilisateur :

....

🔒 Mot de passe :

....

💬Remarques :

....

....

◆━━━━━━━━━━━━━━━━━━━━━━━━━━━━━━━◆

🏠Nom :

....

🌐L'adresse du site :

....

👤 Nom d'utilisateur :

....

🔒 Mot de passe :

....

💬Remarques :

....

....

🏠Nom :

🌐L'adresse du site :

👤Nom d'utilisateur :

🔒Mot de passe :

💬Remarques :

🏠Nom :

🌐L'adresse du site :

👤Nom d'utilisateur :

🔒Mot de passe :

💬Remarques :

🏠Nom :

🌐L'adresse du site :

👤Nom d'utilisateur :

🔒Mot de passe :

💬Remarques :

🏠Nom :
....

🌐L'adresse du site :
....

👤Nom d'utilisateur :
....

🔒Mot de passe :
....

💬Remarques :
....

....

━━━━◄╫•●•━━━━━━━━━━━━»〇«━━━━━━━━━━━━•●•╫►━━━━

🏠Nom :
....

🌐L'adresse du site :
....

👤Nom d'utilisateur :
....

🔒Mot de passe :
....

💬Remarques :
....

....

━━━━◄╫•●•━━━━━━━━━━━━»〇«━━━━━━━━━━━━•●•╫►━━━━

🏠Nom :
....

🌐L'adresse du site :
....

👤Nom d'utilisateur :
....

🔒Mot de passe :
....

💬Remarques :
....

....

⌂ Nom :

🌐 L'adresse du site :

👤 Nom d'utilisateur :

🔒 Mot de passe :

💬 Remarques :

⌂ Nom :

🌐 L'adresse du site :

👤 Nom d'utilisateur :

🔒 Mot de passe :

💬 Remarques :

⌂ Nom :

🌐 L'adresse du site :

👤 Nom d'utilisateur :

🔒 Mot de passe :

💬 Remarques :

🏠Nom :

🌐L'adresse du site :

👤Nom d'utilisateur :

🔒Mot de passe :

💬Remarques :

━━━━━━━━━━━━━━━━━━━━━◆◆━━━━━━━━━━━━━━━━━━━━━

🏠Nom :

🌐L'adresse du site :

👤Nom d'utilisateur :

🔒Mot de passe :

💬Remarques :

━━━━━━━━━━━━━━━━━━━━━◆◆━━━━━━━━━━━━━━━━━━━━━

🏠Nom :

🌐L'adresse du site :

👤Nom d'utilisateur :

🔒Mot de passe :

💬Remarques :